Pietro Mascagni, Werfel Collection

Die Rantzau

Oper in vier Akten

Pietro Mascagni, Werfel Collection

Die Rantzau
Oper in vier Akten

ISBN/EAN: 9783743699441

Hergestellt in Europa, USA, Kanada, Australien, Japan

Cover: Foto ©Thomas Meinert / pixelio.de

Weitere Bücher finden Sie auf **www.hansebooks.com**

DIE RANTZAU.

Oper in 4 Akten
von
G. TARGIONI-TOZZETTI UND G. MENASCI.

DEUTSCH VON MAX KALBECK.

Musik von
PIETRO MASCAGNI.

Vollständiger Klavier-Auszug | Vollständiger Auszug
mit deutschem Text | für Pianoforte allein
arrangirt von AMINTORE GALLI. | arrangirt von BERNH. WOLFF.
Preis Mk. 15.— netto. | **Preis Mk. 8.— netto.**

Für Deutschland und Oesterreich-Ungarn ausschliessliches Verlags-Eigenthum von
Ed. Bote & G. Bock in Berlin
Hof-Musikalienhändler
Sr. M. des Kaisers und Königs. I. I. M. M., der Kaiserinnen Augusta und Friedrich
und Sr. K. H. des Prinzen Albrecht von Preussen.

MAILAND, ED. SONZOGNO.

Das Vorrecht der Herausgabe eines Arrangements im Allgemeinen und für bestimmte Instrumente oder Orchester haben wir für die Oesterreichischen Staaten uns nach dem Patent, de dato 19. October 1846, vorbehalten.

Die Rantzau.

Oper in 4 Akten
von
P. MASCAGNI.

Vorspiel.

I. Akt.

I. Scene.

Der Dorfplatz. Rechts vom Zuschauer im Hintergrunde das Haus des Jacob Rantzau; weiter vorn das Gemeindehaus. Links im Hintergrunde das Haus des Johann Rantzau, weiter vorn die Schule. Im Vordergrunde links ein Brunnen.

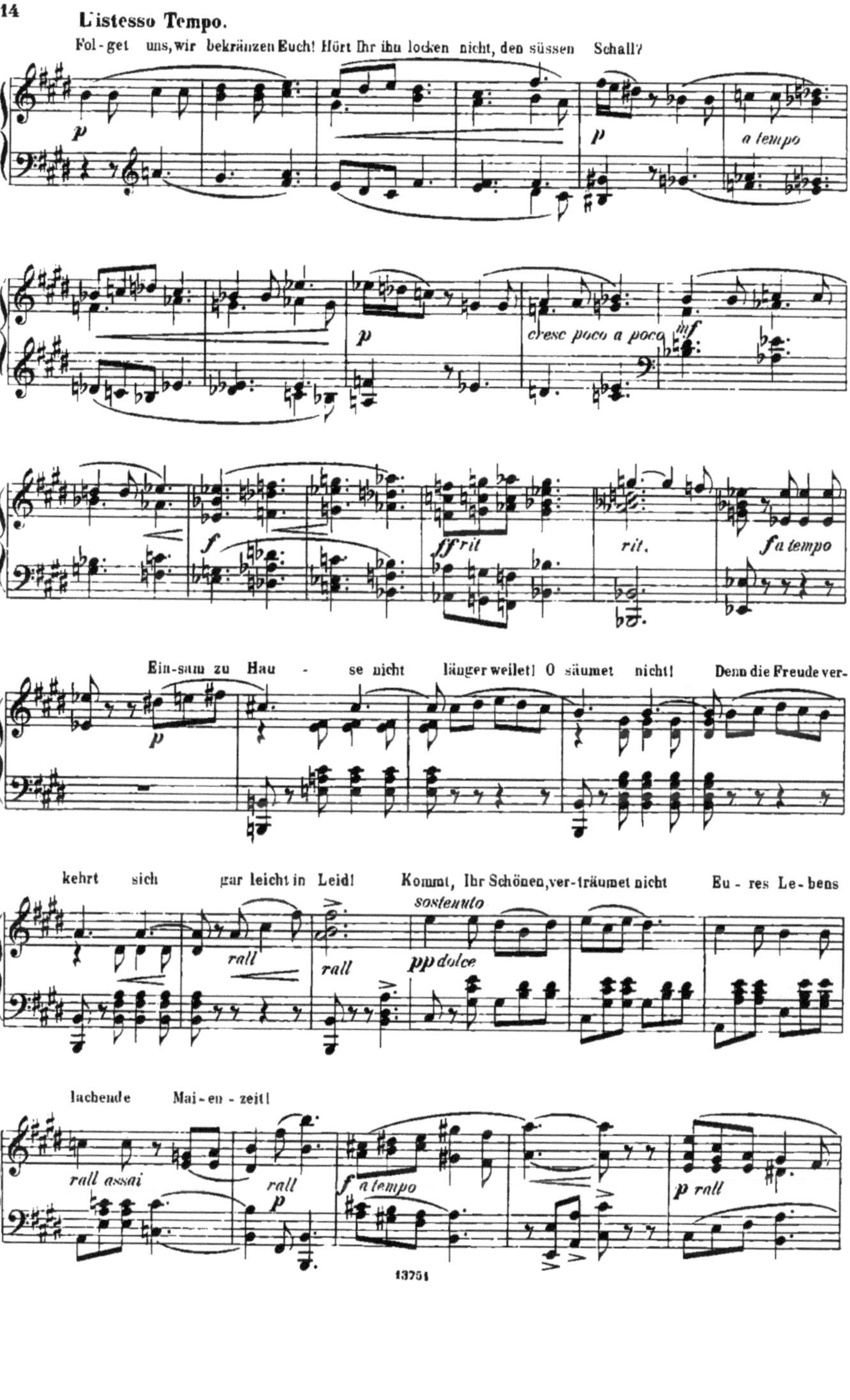
L'istesso Tempo.
Fol-get uns, wir bekränzen Euch! Hört Ihr ihn locken nicht, den süssen Schall?
p
p
a tempo
p
cresc poco a poco
mf
f
ff rit
rit.
f a tempo
Ein-sam zu Hau - se nicht länger weilet! O säumet nicht! Denn die Freude ver-
p
kehrt sich gar leicht in Leid! Kommt, Ihr Schönen, ver-träumet nicht Eu - res Le-bens
rall
rall
sostenuto
pp dolce
lachende Mai-en-zeit!
rall assai
rall
p
f a tempo
p rall

II. Scene.
Florentius Julie und Chor.

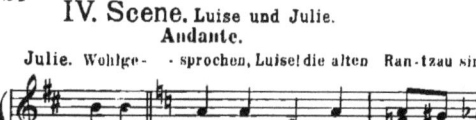

V. Scene.

(Luise und Julie bleiben auf der Scene. Im Innern des Gemeindehauses erhebt sich ein Tumult. Nach und nach kommen alle heraus. Zuerst Florentius allein, dann Jacob und Georg mit einigen Bauern; dann Johann und Lebel mit dem übrigen Chor. Letzterer löst sich in mehrere Gruppen auf, die lebhaft mit einander streiten, indem die Einen für Johann, die Andern für Jacob Partei nehmen.)

Allegro ritenuto.

Florentius. So zu toben und zu lä-stern! das dacht ich

nicht, dass je so weit es kä-me! **Luise.** Sagt, theurer Leh-rer, was ge-

scheh'n! **Julie.** Was giebt es? **Jacob.** O **Andante con molto moto.** Schan-de! Sollte man es den-ken? Hätt' ich so

schmäh-lich doch niemals ihn verdächtigt! Ja, er, dieser Schurke, den ich

34

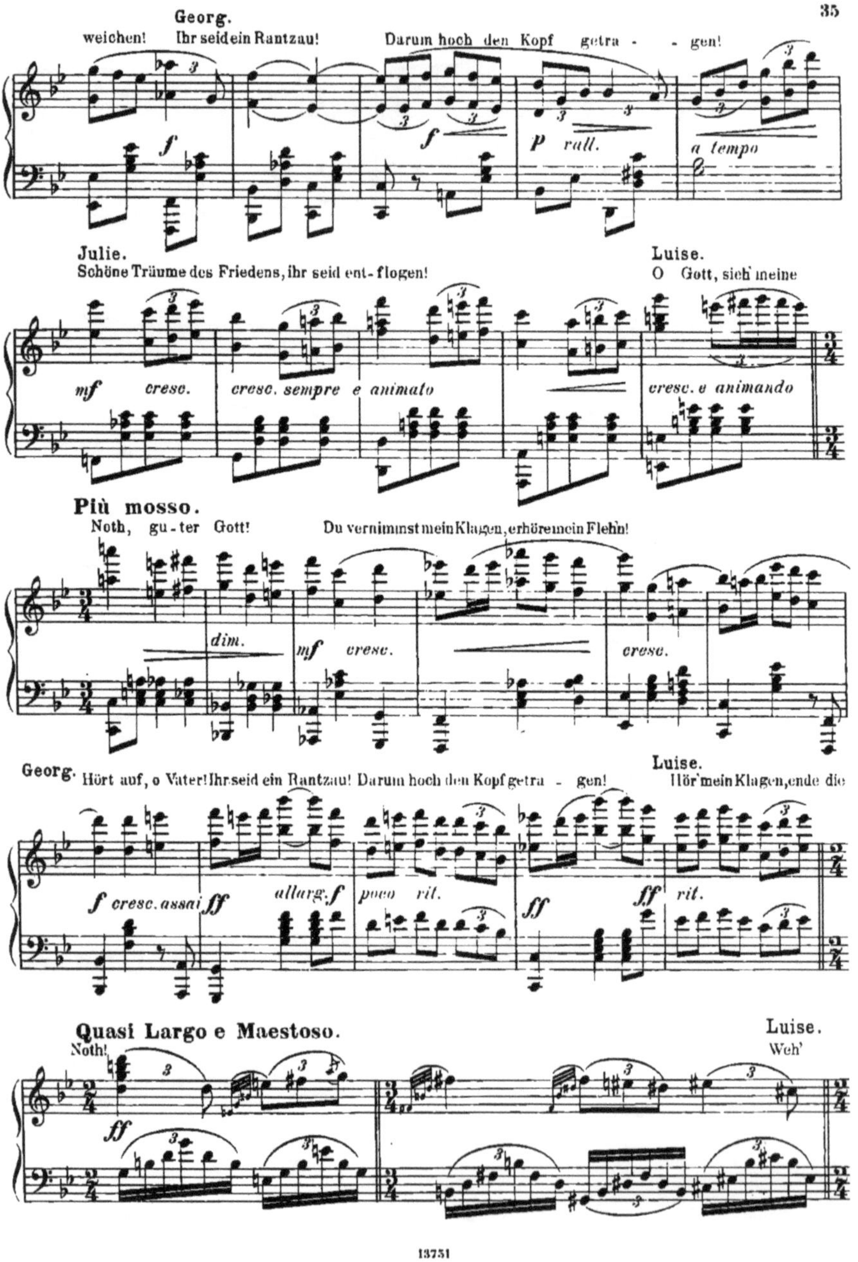
Georg.
weichen! Ihr seid ein Rantzau! Darum hoch den Kopf getra - gen!
f
f
p rall.
a tempo
Julie.
Schöne Träume des Friedens, ihr seid ent- flogen!
Luise.
O Gott, sieh meine
mf cresc.
cresc. sempre e animato
cresc. e animando
Più mosso.
Noth, gu-ter Gott! Du vernimmst mein Klagen, erhöre mein Flehn!
dim.
mf cresc.
cresc.
Georg. Hört auf, o Vater! Ihr seid ein Rantzau! Darum hoch den Kopf getra - gen!
Luise.
Hör mein Klagen, ende die
f cresc. assai ff
allarg. f
poco rit.
ff
ff rit.
Quasi Largo e Maestoso.
Noth!
ff
Luise.
Weh'

II. Akt.

(Ein kleiner Saal in Johann's Hause. Rechts in der ersten Coulisse eine Thür, im Hintergrunde rechts ein Harmonium, links ein Ausgang in den Garten. Zur Linken ein grosses Glasfenster, durch welches man zur Besitzung Jacob's hinübersieht.)

Vorspiel.
Andante sostenuto.

I. Scene.

Luise (sitzt, über den Stickrahmen gebeugt, an dem grossen Glasfenster.)

II. Scene. Luise und Johann.

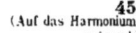

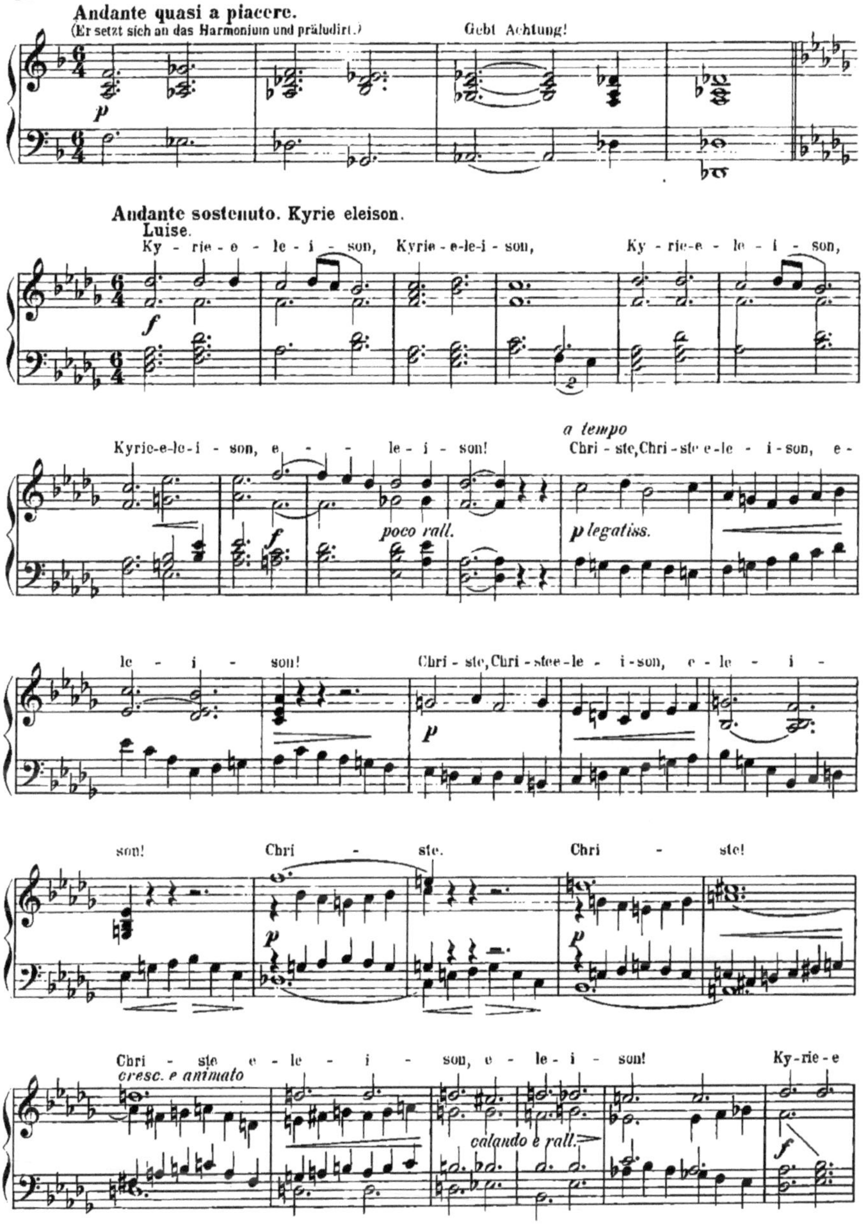

IV. Scene. Florentius allein.

V. Scene. Luise und Florentius, dann Johann.

VI. Scene. Johann und Luise.

Luise steht unbeweglich, an den Tisch gelehnt, mit niedergeschlagenen Augen. Johann geht erregt im Zimmer auf und ab und bleibt dann vor der Tochter stehn.

Molto sostenuto.

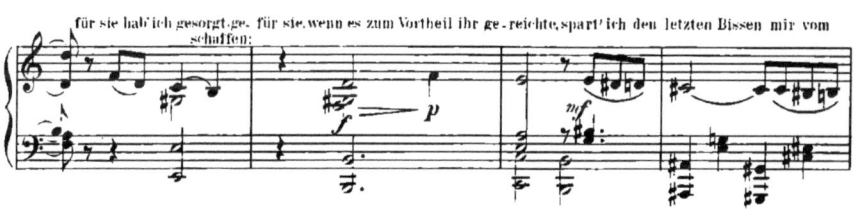

Moderato molto ritenuto.

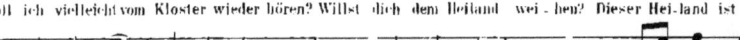

L'istesso Tempo.

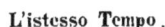

III. Akt.

I. Scene. Frauenchor. (Mädchen und Frauen stehen rings um den Brunnen und schöpfen Wasser)

II. Scene. Julie und der Frauenchor, später Florentius. Plauderchor.

Allegro moderato.

69

13751

III. Scene. Florentius, dann Jacob.

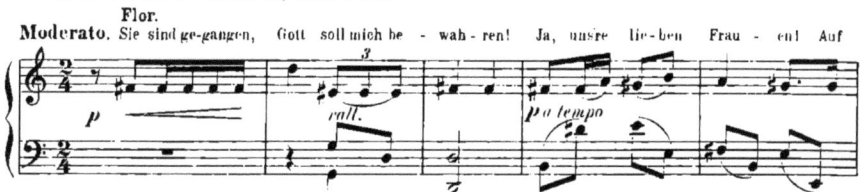

IV. Scene. Dieselben und Georg. (Georg kommt von der Strasse zur Rechten, mit Bergstock und umhängender

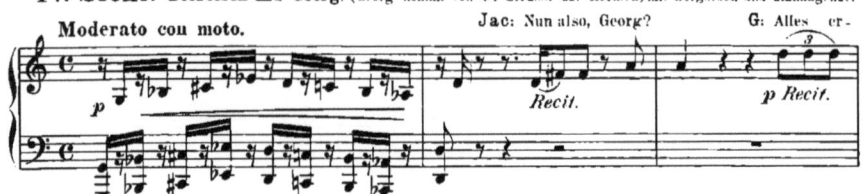

V. Scene. Florentius und Georg.

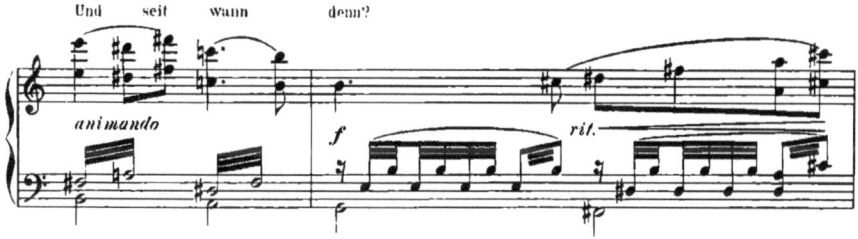

(Florentius schüttelt den Kopf, nähert sich dem Gemeindehause und heftet das Aufgebot an; Georg sieht ihm lächelnd zu und lehnt sich an den Brunnen. Florentius kehrt in Johann's Haus zurück. Es dunkelt.)

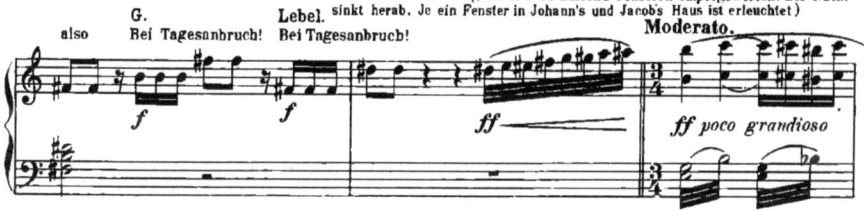

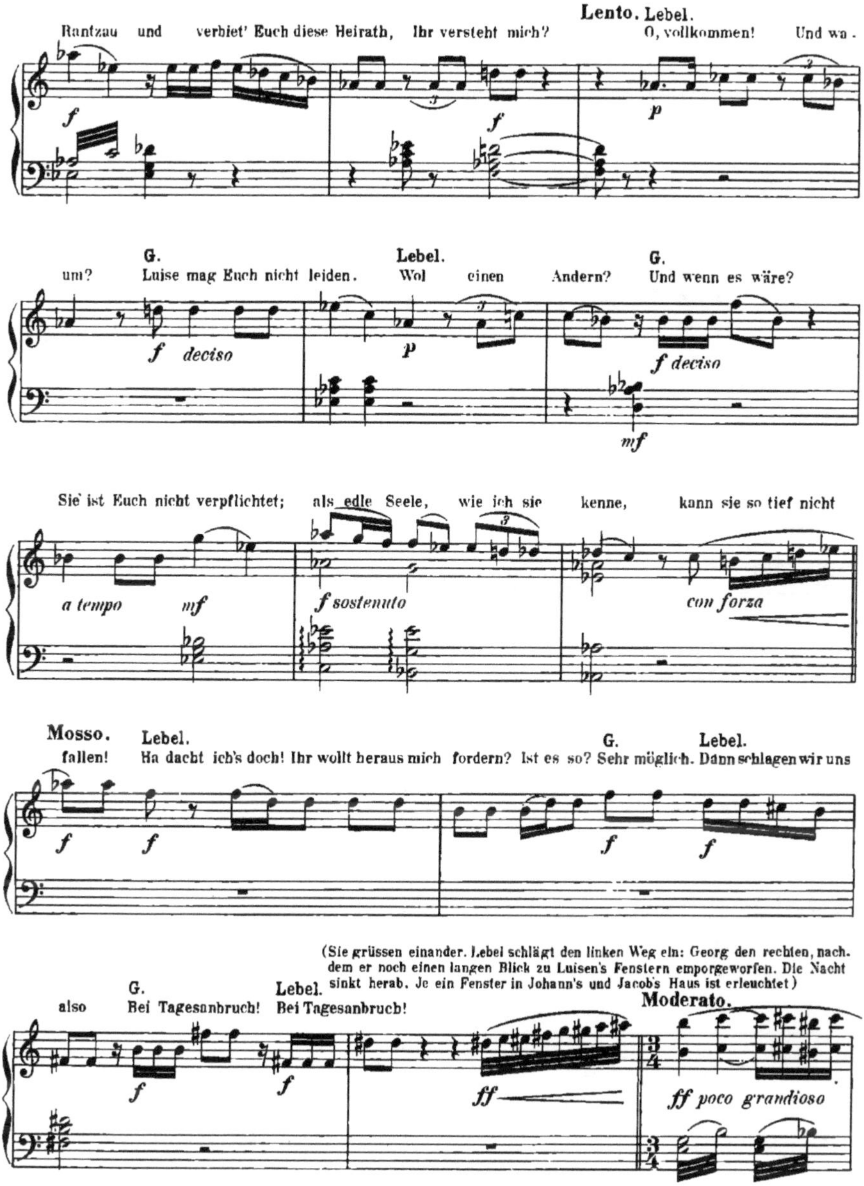
Lento. Lebel.
Rantzau und verbiet' Euch diese Heirath, Ihr versteht mich?
O, vollkommen! Und wa-
G.
Lebel.
G.
um? Luise mag Euch nicht leiden. Wol einen Andern? Und wenn es wäre?
f deciso
f deciso
Sie ist Euch nicht verpflichtet; als edle Seele, wie ich sie kenne, kann sie so tief nicht
a tempo
f sostenuto
con forza
Mosso. Lebel.
G.
Lebel.
fallen! Ha dacht ich's doch! Ihr wollt heraus mich fordern? Ist es so? Sehr möglich. Dann schlagen wir uns
(Sie grüssen einander. Lebel schlägt den linken Weg ein: Georg den rechten, nachdem er noch einen langen Blick zu Luisen's Fenstern emporgeworfen. Die Nacht sinkt herab. Je ein Fenster in Johann's und Jacob's Haus ist erleuchtet)
G.
Lebel.
also Bei Tagesanbruch! Bei Tagesanbruch!
Moderato.
ff poco grandioso

VII. Scene. Die Nachtwache und Männerchor.

89

Poco più mosso.

Poco più e ravvivando.

Intermezzo.

IV. Akt.

I. Scene.

Andante non troppo sostenuto.

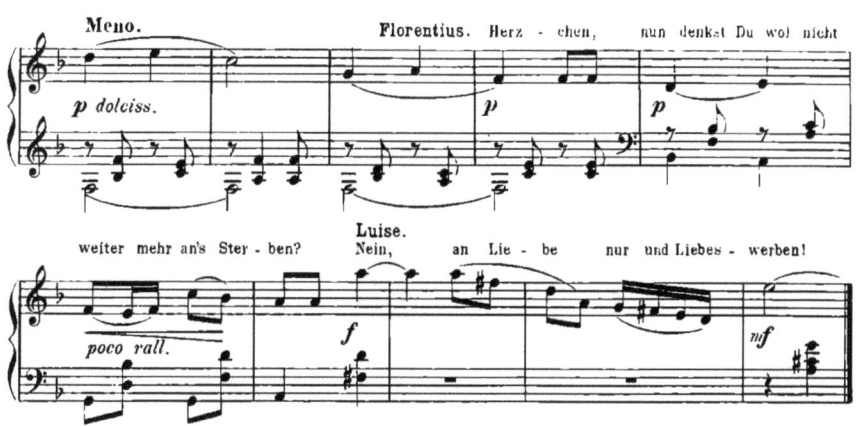

108

V. Scene. Johann· später Jacob. die Vorigen.